WEITE HORIZONTE
Dialog mit Heilbronn und dem Unterland

Peer Friedel · Dietmar Herr · Klaus Konninger

EDITION BRAUS

Impressum

©Copyright Kreissparkasse Heilbronn

Herausgegeben aus Anlass des 150-jährigen Jubiläums
der Kreissparkasse Heilbronn im Jahre 2006

Idee und Konzeption: Dietmar Herr, Peer Friedel
Fotografie: Gerhard Launer
Text: Klaus Könninger
Gestaltung: CreativTeam Peer Friedel, Heilbronn
Herstellung: Wachter GmbH, Bönnigheim
Vertrieb für den Buchhandel: Edition Braus im Wachter Verlag GmbH

www.editionbraus.de

ISBN 3-89904-202-6

Alle Rechte, insbesondere das Recht der Vervielfältigung
und Verbreitung, vorbehalten. Kein Teil des Werkes darf
in irgendeiner Form (durch Fotokopie, Mikrofilm oder ein
anderes Verfahren) ohne schriftliche Genehmigung des
Herausgebers reproduziert oder unter Verwendung
elektronischer Systeme verarbeitet werden.

www.sparkasse-heilbronn.de

WEITE HORIZONTE
Dialog mit Heilbronn und dem Unterland

Peer Friedel · Dietmar Herr · Klaus Könninger

EDITION BRAUS

Gerhard Launer

Der Mann guckt Deutschland auf den Kopf. Seit über einem Vierteljahrhundert erkundet der Würzburger Luftbild-Fotograf Gerhard Launer das Land aus der Vogelperspektive. Das Außergewöhnliche: er ist Pilot und Fotograf in einer Person.

Das Archiv seiner Rottendorfer Firma umfasst weit über 100.000 Luftaufnahmen von deutschen Städten, Gemeinden, Landschaften und Sehenswürdigkeiten. Eine Flotte von drei Cessnas steht Gerhard Launer zur Verfügung, jeweils ausgestattet mit einer Ausrüstung für analoge und digitale Fotografie.

Die meisten Luftbild-Fotografen lassen einen Piloten fliegen. Wenn Launer in die Luft geht, dann liegt alles nur in seiner Hand: fliegen, navigieren, fotografieren und dokumentieren und das gleichzeitig. Sein Copilot ist das Stativ mit Kamera. In die Türen seiner Cessnas hat Launer Löcher gesägt, damit er – das Auge am Sucher, die eine Hand am Steuer, die andere am Auslöser - seine Motive einfangen kann.

Viele seiner Aufnahmen gehen über das rein Sachlich-Dokumentarische hinaus. Launer liebt es, Strukturen in der Landschaft zu suchen, Stimmungen nachzuspüren. Heraus kommen dann Motive von einem Güterbahnhof, der wie eine Modelleisenbahn wirkt, oder das fast abgemähte Getreidefeld mit einem einsamen Baum in der Mitte und seltsamen Fahrspuren. Diese künstlerischen Aufnahmen bereichern jede sachliche Landschaftsdokumentation und zeigen dem Betrachter den Charakter und die Seele einer Region.

Inhalt

Vorwort 7

Das Neckartal – von Lauffen bis Gundelsheim 10

Heilbronn – mehr als die Summe seiner Teile 48

An Jagst und Kocher – die Zeit zurückgewinnen 78

Weinsberger Tal – Sulmtal 100

Löwensteiner Berge – frische Luft und dunkle Wälder 112

Schozachtal – Abstecher nach Abstatt 122

Zabergäu – Rotweinparadies zwischen Strom- und Heuchelberg 138

Kraichgau – sympatisch strukturschwach 160

Dieses Buch ist zwecklos

Es will nicht informieren über Wirtschaft, Geografie, Historie oder Infrastruktur des Unterlandes mit und um Heilbronn. Auch nicht über die Geschichte der Kreissparkasse Heilbronn anlässlich ihres 150-jährigen Jubiläums und die Bedeutung dieses Instituts für die Bürger und die Wirtschaft in der Region. Es befasst sich nicht mit Maybach oder Mayer, Knorr oder Kerner, Hauff oder Heuss…

Auch das Käthchen von Heilbronn und Götz von Berlichingen spielen hier keine Rolle, wenigstens keine Hauptrolle. Heilbronn und das Unterland sind erforscht. Hier sei auf Regalmeter von Fachliteratur und ein Heer an Publikationen in den Medien verwiesen.

Dieses Buch hat einen Sinn

Als Bildband lädt es zum Betrachten ein. Aus einer ganz besonderen Perspektive – der Vogelperspektive. Eine Perspektive, die uns aus dem Alltag, aus der Fakten- und Objektwelt heraushebt. Eine ästhetische Situation, die den Horizont weitet und zum Dialog einlädt zwischen Gesehenem, Fühlen und Denken. Zwischen Mensch und Welt, zwischen Objekt und Subjekt.

Von weit oben sehen wir Neckartal, die Täler von Jagst, Kocher und Sulm, das Weinsberger Tal, die Löwensteiner Berge, das Schozachtal, Strom- und Heuchelberg und Kraichgau. Schöne Bilder von mäandernden Flüsschen in idyllischen Auen, sonnigen Weinbergen, sanften Hügeln, tiefen Wäldern, beeindruckenden Burgen, hübschen Ortschaften mit historischen Ortskernen.

»In deinen Tälern wachte mein Herz mir auf«, besang der in Lauffen geborene Hölderlin den Neckar, und Goethe empfand Heilbronn im Abendlicht als »ruhigen, breiten, hinreichenden Genuß«. Solchen Empfindungen spürt dieser Bildband mit Begeisterung nach.

Er überfliegt auch die Lebensadern der Region, den Neckar, die Autobahnen A6 und A81. Zeigt Hafen, Industriegebiete, Großkraftwerke, Salzwerke und Audi und vergegenwärtigt die Dynamik, Herausforderungen und Bedrohungen der baden-württembergischen Erfolgsregion Heilbronn-Franken. Das sind Kontrapunkte, die ein Bild anregen wollen. Ein individuelles Bild, das im Betrachter erst entstehen soll.

Der ästhetische, ganz persönliche Dialog mit Heilbronn und dem Unterland, das ist das Angebot und der Sinn dieses Bildbandes.

Hans Hambücher
Vorsitzender des Vorstands
der Kreissparkasse Heilbronn

Das Neckartal – von Lauffen bis Gundelsheim

Mächtige Burgen, über dem Fluss auf bewaldetem Bergsporn thronend, weite, grüne Auen, sonnenbeschienene Hänge mit Wein bewachsen, weiße, steile Muschelkalkfelsen ... mit solchen Gemälden verwöhnt das Neckartal zwischen Lauffen und Gundelsheim in immer neuen, überraschenden Varianten. Dichter haben diese Idyllen besungen, Touristen spürten ihnen bereits vor zweihundert Jahren nach. Die Landschaft fesselt nach wie vor ihre Betrachter, von ihr geht ein besonderer ästhetischer, ein »romantischer« Reiz aus.

Es ist eine tief ins Gemüt zielende Mischung, die Neckarromantik. Mythen, Märchen, Sagen, Sehnsüchte gehören dazu, Märchen und wohl Urszenen der Kindheit. Ganz gleich, wie sehr den Ritter einst das Wams kniff und der eisige Wind durch die Burg pfiff.

Wie gemalt trutzt nahe dem Durchbruch des Stromes in das sich weitende Neckarbecken auf einem Felsen mitten im Fluss die mittelalterliche Feste der Grafen von Lauffen. Dazu die schauerliche Sage der Heiligen Regiswindis (der steinerne Sarkophag steht in der Nikolauskapelle), Spuren der Römer, Reste von Alemannen und Franken, mittelalterliche Stadtmauern, Kirchen, Kapellen, Hölderlin...

Das pittoreske Ensemble ist wahrlich eine Augenweide. Im Mittelalter hatte es seine nüchterne strategische Logik. Die Sippe der Popponen verstand ihr Geschäft: wer den Neckar beherrschte, beherrschte das Neckarland. Die Burg fungierte als wehrhafter Sperrriegel und Lauffen war Jahrhunderte zuvor und danach ein ebenso begehrter wie umkämpfter Ort. Erstklassige Lagen für Rot und Weiß gehören natürlich auch zu der kleinen, historisch bedeutenden großen Stadt. Das hat sie mit Nachbarorten wie Neckarwestheim, Talheim, Flein und Nordheim gemeinsam.

Nördlich des wirtschaftlichen Zentrums der Region Heilbronn grüßen vom linken Steilufer des Neckars die majestätischen Zinnen und Türme der Kaiserpfalz von Bad Wimpfen. Mit dieser größten Anlage ihrer Zeit versuchten die Staufer, entfremdetes Reichsgut im 12. und 13. Jahrhundert wieder unter Kontrolle zu bringen. Zwischen »Blauem Turm« und »Rotem Turm« unterwarf sich 1235 König Heinrich VII. seinem Vater Kaiser Friedrich II. nach erneuter Empörung, bei Wimpfen verlor Tilly 1622 eine bedeutende Schlacht des Dreißigjährigen Krieges gegen die »Katholischen«. Große Geschichte erzählt Bad Wimpfen mit Fachwerk und wehrhaften Mauern – eines der schönsten mittelalterlichen Stadtbilder Deutschlands überhaupt. Weiter in der Vergangenheit liegen die keltische Fliehburg, das Römerkastell, ein fränkischer Königshof und das Ritterstift unten im Tal. Rund 1.000 Jahre lang stand da eine Holzbrücke, welche die »Nibelungenstraße« als wichtigen Handelsweg über den Neckar führte - wer den Neckar kontrolliert, hat das Land.

Spätestens Gundelsheim dann am westlichen Saum der »Krummen Ebene« hätte den Europa-Reisenden Mark Twain zur Ironie provoziert. Einfach perfekt ist der Dreiklang aus Michaelsberg, Schloss Horneck und der einstigen Deutschordensstadt mit Fachwerk und Schenkelmauern. Von Gundelsheim aus regierten die Deutschritter seit dem Jahre 1255 über 500 Jahre lang ihr Territorium am unteren Neckar. So zauberhaft kann vergangene Macht sein.

Neckar... und Wirtschaft

Was heute das Unterland beherrscht, drängt sich beim Flug über das Neckartal geradezu auf: die ausgedehnten Wirtschaftsgebiete des Oberzentrums Heilbronn, der High-Tech-Standort Neckarsulm, die europäische Verkehrsdrehscheibe Weinsberger Kreuz und – wie Trutzburgen des technischen Fortschritts – die EnBW-Kraftwerke Neckarwestheim und Heilbronn. Es wäre spannend zu erfahren, welche ästhetischen Empfindungen die Bollwerke des Atomzeitalters bei Neckartal-Schwärmern im Jahr 2505 auslösen. Die große Kreisstadt Neckarsulm, wohl um 1310 Stadt geworden und im 14. und 15. Jahrhundert Münzstätte des Erzbistums Mainz mit dem »Neckarsulmer Pfennig«, ist eine Trumpfkarte der Wirtschaftsregion Heilbronn-Franken. Auf 27.000 Einwohner kommen 29.000 Arbeitsplätze. Die Magnete heißen Audi und Kolbenschmidt, aber auch Lidl & Schwarz und Bechtle. Da schauen Nachbarn manchmal schon etwas begehrlich, etwa auf das Audi-Forum, die postindustrielle Variante fürstlicher Repräsentationsarchitektur.

Neckarsulm bildet gemeinsam mit Bad Friedrichshall ein »Unterzentrum«. In den weiten Auen an den Neckar-Mündungen von Kocher und Jagst gelegen, ist das Städtchen trotz dreier Schlösser, einem der ältesten Fachwerkhäuser des Landes (altes Rathaus Kochendorf) und Solefreibad kein klassischer Kurort wie etwa Bad Rappenau. In Bad Friedrichshall wird seit 1812 Salz gefördert. An die Anfänge der Steinsalzgewinnung und an die Erdgeschichte erinnert das Besucherbergwerk Kochendorf. Die Saline Bad Friedrichshall war es, die 1873 als Staatsbetrieb die benachbarte Offenauer Saline Clemenshall geschluckt hat.

Kernkraftwerk Neckarwestheim – Energiezentrale für Grundlast ▲

Dabei war es der Offenauer Salineninspektor Georg Philip Amsler, der 1810 mit einer Bohrung in 135 Meter Tiefe zum ersten Mal auf Steinsalz traf. Das war der Startschuss für eine fieberhafte Bohrtätigkeit nördlich Heilbronns, die schließlich zur Entdeckung des Heilbronner Salzschatzes führte. Heilbad war Offenau bereits Jahrhunderte zuvor. Im Jahr 1584 schrieb der Arzt Georgius Marius über die Offenauer Salz-Heilquelle, welche etwa der an Gicht leidenden Markgräfin Elisabeth von Baden-Durlach Linderung verschaffte. Mit der Veranstaltungshalle »Saline« will Offenau an seine Salzgeschichte anknüpfen. Ein Versuch, welcher der »Südzucker-Gemeinde« zusätzlich Profil verleihen könnte.

Heute romantisch, damals strategisch – Lauffen, umflossen von Neckar und Zaber, mit der Burg der Grafen von Lauffen auf einer Felseninsel mitten im Fluss. ▼

Lauffen war im Hochmittelalter das strategische Nadelöhr am Neckar. Abgelöst wurde die Stadt von Heilbronn, das mit dem Neckarprivileg ab dem Jahre 1333 den Neckar beherrschte.

*Großkraftwerk der EnBW –
Orientierungsmarke für Aviatiker und
Energieversorger für Spitzenlasten*

Audi-Stadt Neckarsulm – auch Einzelhandelsgigant Lidl & Schwarz, die Kolbenschmidt AG und etliche Technologieunternehmen agieren von der wirtschaftsfreundlichen Stadt aus und verhelfen zu mehreren Standbeinen.

Gute Weinlagen gehören traditionell zur Gemarkung.

Das Neckarsulmer Spaßbad »Aquatoll«, ein Mekka für Badefreuden ◄

Auto-Technologie ohne Ende... und wie ein eben erst gelandetes UFO das neue Audi-Forum, ein imposanter Repräsentationsbau des Automobilzeitalters ►

Erst nach dem 2. Weltkrieg, zwischen 1953 und 1956, wurde der Neckarsulmer Stadtteil Amorbach gebaut.

Klinikum »Am Plattenwald« Neckarsulm

Neckarauen am Altarm bei Untereisesheim ◂

Bad Friedrichshall, Ortsteil Jagstfeld ▸▸

Bad Friedrichshall, Ortsteil Kochendorf, im Vordergrund die Südwestdeutsche Salzwerke AG ▸▸▸

Naturnahe Jagst...   *... und gebändigter Kocher*

Wimpfen im Tal...

... mit der Stiftskirche St. Peter

Ausgedehnte Wohngebiete – Bad Wimpfen ist beliebt als Wohnort. ◄

Die prächtigste aller Schokoladenseiten Bad Wimpfens: ▸
die Fassaden der Stauferpfalz zum Neckar hin

Eines der schönsten mittelalterlichen Stadtbilder Deutschlands ▸▸
präsentiert Bad Wimpfen mit seiner um 1200 erbauten Kaiserpfalz.

Der »Blaue Turm«, weithin sichtbares Wahrzeichen des Kurortes ▸▸▸

Früher spielte das Salz eine große Rolle in Offenau, heute die Zuckerproduktion der Südzucker AG.

Planungsgeschichte ist Herrschaftsgeschichte – vom Schloss Horneck, seit 1255 weit über 500 Jahre lang in der Hand des Deutschen Ordens, laufen die Straßen systematisch durch das historische Gundelsheim. Für die Neuzeit stehen flächige Gewerbe- und Wohngebiete, den Neckar macht die mächtige Staustufe gefügig.

Gundelsheim – perfekter spätmittelalterlicher Dreiklang für Neckartouristen, bestehend aus Michaelsberg, Schloss Horneck und einstiger Deutschordensstadt. Geier und Adler kreisen über der »Krummen Ebene« von der Burg Guttenberg (links vom Neckar) aus, die hier zur Auswilderung aufgezogen werden.

Heilbronn – mehr als die Summe seiner Teile

Schon so manchen Marketing-Helden und Image-Recken hat die Heilbronner Variante des Sphinx-Rätsels zu Fall gebracht mit der Aufgabe: finde einen flotten Slogan, der die Heilbronner Schokoladenseiten bestens verkauft und gleichzeitig den Bürgern ein erlebbares Identifikationsangebot macht. Dennoch, das Oberzentrum der Region Heilbronn-Franken, die »Kleine Großstadt« mit ihren rund 125.000 Einwohnern, lebt inzwischen mit vielen Namen und Sprüchen.

Heilbronn beispielsweise als »Stadt am Fluss«? Auch schärfer fokussiert als »Stadt am Neckar« signalisiert diese Formel nach außen keine Alleinstellung. Umso mehr Gewicht besitzt der Neckar für die erwünschte »Heilbronn-Identität«.

Schon 1146 ist für Heilbronn eine Schiffsanlände mit Kaufmannssiedlung belegt. Vor allem aber Kaiser Ludwig der Bayer stellte die Weichen für den wirtschaftlichen und politischen Erfolg der Stadt, als er 1333 den Heilbronnern erlaubte, den Neckar an ihre Mauern heranzuführen. Heilbronn blockierte mit Wehren die Schifffahrt, wurde Binnenhafenstadt mit Stapelrecht am Kreuzungspunkt zweier Fernstraßen und damit reich. Das prachtvolle Rathaus, die Kilianskirche mit Renaissanceturm, Männle und Seyfer-Hochaltar … all die heute sichtbaren Zeugen einer würdevollen Reichsstadtgeschichte und allen Wohlstand verdankt Heilbronn dem Neckar. Damit verbunden wohl auch beträchtliches politisches Gewicht, sonst hätte Oxenstierna nicht auf dem Heilbronner Konvent (1633) die Bündnisse zwischen den protestantischen süddeutschen Reichsstädten, Frankreich und Schweden geschmiedet. Nach Heilbronn reisten 1815 selbst der russische Zar Alexander, Kaiser Franz von Österreich und 126 deutsche Fürsten, um 10.000 Soldaten gegen Napoleon in Marsch zu setzen. Nicht allein gelungene Bereicherung des Stadtbildes,

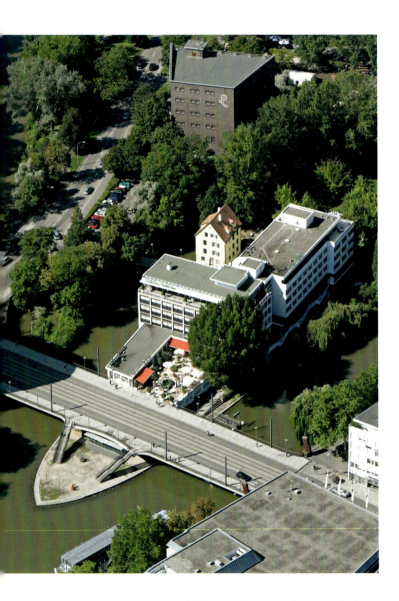

»Hotel-Schiff« Insel Hotel, dahinter das einstige Lagerhaus Hagenbucher ▲

Das Herz der Stadt – Kilianskirche mit Seyfer-Hochaltar, mit Rathaus, ▶
Kulturzentrum Deutschhof und der ehemaligen Deutschordenskirche
St. Peter und Paul.

sondern eine Hommage an den Fluss ist daher die begonnene Aufwertung des Neckarufers und dessen Einbindung in das Ensemble der Innenstadt. Auch den künftigen Neckarpark prägt diese Idee. Sicherlich können darin einige gutgemachte Info-Elemente und Exponate die besondere Bedeutung des »Schicksalsflusses« für Heilbronn vergegenwärtigen.

»Weinstadt Heilbronn«... ? Nun zählt das von 510 Hektar Reben umsäumte Heilbronn zu den größten Weinbau-Gemeinden Deutschlands. Schon der Hofkaplan Kaiser Maximilians I. wusste: »...der pesst Neckerwein wechst zu Haylprun« und tatsächlich war der Weinbau während des Mittelalters und noch weit in die Neuzeit nichts weniger als Heilbronner Schlüsselbranche. Auch davon berichtet der Wein Panorama Weg am Wartberg mit seinen auf sechs Kilometer Rundstrecke verteilten Stationen. Heute genießt insbesondere der Heilbronner Trollinger bei Württemberger trinkenden Kennern breite Popularität, aber von vielfach prämierten Selbstvermarkter-Kellern und der großen Genossenschaftskellerei kommen auch hochkultivierte Tropfen. Am Weindorf im Herbst werden diese Spitzenprodukte kredenzt, die stilvolle WeinVilla in der Cäcilienstraße indessen bietet sich ganzjährig als Forum für Connaiseurs an. Ganz Württemberg erweist seiner Weinhauptstadt Heilbronn Reverenz, wenn in der großzügig modernisierten »Harmonie« das »Gipfeltreffen des Württemberger Weines« stattfindet. Wein gehört sicher zu den Talenten, mit denen Heilbronn wuchern kann. Aber eben nicht so wie Rüdesheim. Am 4. Dezember 1944 total zerbombt, fehlt Heilbronn ganz einfach die kuschelig-verwinkelte Fachwerk-Idylle, die Touristen auch entferntester Kontinente – so pretty, so lovely – magisch anzieht. Heilbronn also nicht die liebliche Klischee-Weinstadt, sondern die tüchtige Weinbaustadt mit hervorragenden Weinen, die sie übrigens mit Lebensfreude zu genießen und mit immer zeitgemäßeren Methoden zu vermarkten weiß.

Geradezu diskret dagegen geht Heilbronn mit seinem weißen Gold um. Die »Salzstadt Heilbronn« findet, obschon von beträchtlich wirtschaftlicher Bedeutung, im Keller statt. Dass die Südwestdeutsche Salzwerke AG als einer der größten Steinsalz-Produzenten Europas Heilbronn unterhöhlt hat mit einem unterirdischen Straßennetz von rund 700 Kilometer Ausdehnung, davon zeugen nur der Förderturm und der Salzhafen im »Alten Industriegebiet«. Nur wer schärfer hinschaut, etwa ins Stadtarchiv, entdeckt Hinweise zur jungen, aber dynamischen Heilbronner Salzgeschichte. Der Touristenmagnet aber, das Besucherbergwerk, ist im benachbarten Kochendorf angesiedelt. In 180 Meter Tiefe mit Multivision, Kuppelsaal und 40-Meter-Rutschbahn. Heilbronn ist somit keine »Salzstadt«, sondern eine Stadt, die auf mächtige Salzlager gebaut ist und zu den bedeutendsten Standorten der Salzgewinnung zählt. Ein Thema, das durchaus mehr Publicity und Repräsentation vertragen würde.

Wenn Salz und Wein durchaus noch stärker ins Bewusstsein der Bürgerinnen und Bürger sowie der Gäste der Stadt Heilbronn rücken können, dann ist das Käthchen wahrhaft gegenwärtig genug. Da gibt es die Käthchenpuppen und einen Käthchen-Hochzeitszug in Phantasiekostümen und selbst Versuche, ein »modernes Käthchen-Image« zu finden. Das Problem ist nur: das Käthchen von Heilbronn hat es definitiv nie gegeben, es ist Fiktion im wunderlichen Ritterschauspiel des Heinrich von Kleist. Das wusste bereits ein 1859 erschienener Reiseführer, der bemerkte, dass das Käthchen von Heilbronn »keinen historischen Grund und

Boden habe«. Frühe Stadtmarketing-Pioniere focht das im übrigen nicht an. Da romantische Neckarreisen en vogue waren im 19. Jahrhundert, ernannte man flugs das mit prächtigem Renaissance-Erker verzierte gotische Steinhaus des Reformators Johannes Lachmann zum Käthchenhaus. Auch wenn sich Kleist vom Heilbronner Arzt Eberhard Gmelin (1751 - 1809) und seinem heilenden Magnetismus inspirieren ließ, ein wissenschaftlich greifbares Vorbild gibt es nicht. So ließen sich noch viele frisch lancierte oder auch längst wieder abgehalfterte Schlagworte abklopfen, von der »Stadt im Grünen« (50.000 Straßenbäume) über die »Skulpturenstadt« bis hin zur weltweit ersten UNICEF Kinderstadt Heilbronn. Letztere kann zwar nicht Markenzeichen, immerhin aber doch publikumswirksame humane Geste einer kinder- und familienfreundlichen Stadt sein. Und wie erlebte Mutter Beimer die Stadt Heilbronn anlässlich ihres Besuches, was konnte sie mit eigenen Augen sehen?

Nicht verborgen bleiben konnten ihr als »moderne Stadttore« die Schleusenanlage im Süden und das gigantisch wirkende EnBW-Kohlekraftwerk im Norden. Zeugen dafür, dass der Neckar nach wie vor eine Schlüsselrolle spielt für Heilbronn - logistisch als internationale Wasserstraße am Knotenpunkt der Verkehrsachsen A6 und A81 und als mächtige Ressource für die Energieerzeugung im Großkraftwerk, dessen Kohle unter anderem aus Australien im Heilbronner Hafen anlandet. Früh war der Neckar Hauptantriebsquelle für die Mühlen der Stadt, aus denen Manufakturen und schließlich die 1896 gezählten 58 Fabriken mit 9.000 Arbeitsplätzen des zweitgrößten Industriestandortes Württembergs, des »Schwäbischen Liverpools« Heilbronn, hervorgingen.

Eine Geschichte, die sich zu erzählen lohnt. Als prototypische Lokalgeschichte der Industrialisierung, als Geschichte von Technik und Naturwissenschaft, als Geschichte der sozialen Frage vor Ort .... als Geschichte von imposanten Persönlichkeiten wie Robert Mayer, Carl Heinrich Knorr, Theodor Lichtenberger, Friedrich Michael Münzing, Peter Bruckmann, Gustav Schaeuffelen, Johann Jakob Widmann, Carl Reuß und vieler anderer »Heilbronner Köpfe«. Köpfe, die mit Idealismus, Ideenreichtum und großem Einsatz die Grundlagen für das schufen, was Heilbronn heute ist: ein leistungsfähiger europäischer Wirtschaftsstandort. Welches Gewicht das Thema Heilbronner Wirtschaft und Wirtschaftsgeschichte in Vergangenheit und Gegenwart

besitzt, demonstriert allein schon ein Blick aus der Luft auf die Stadt. Anläufe und Anfänge zur adäquaten Würdigung sind gemacht worden, zum Beispiel in den Präsentationen des Stadtarchivs. Es fehlt aber noch immer der große Wurf, den Heilbronn mehr als verdient hat. Der Hagenbucher als architektonisch und historisch passendes Gebäude wartet nur darauf.

Die Heilbronner Wirtschaftsszene unserer Tage bestimmen starke Marken wie Läpple, Campina, Vishay Telefunken, Unilever Bestfoods, Illig, Fiat, Beyerdynamic oder Marbach – in aller Welt bekannt und geschätzt. Rund 90.000 Arbeitsplätze bietet die Stadt in 6.000 Industrie-, Handels- und Serviceunternehmen. Darunter 170 IT-Spezialisten, welche die Heilbronner Infrastruktur mit Hochschule, Innovationsfabrik und intelligent konzipierten Gewerbe- und Industriegebieten zu schätzen wissen. Metallverarbeitung, Maschinenbau, Elektronik, Nahrungsmitteltechnologie, Umwelt- und Mikrotechnologie bilden gemeinsam mit innovativen Dienstleistern (67 % der Arbeitsplätze) und großen Logistikern einen ausgewogenen Branchenmix mit einer gesunden Dynamik, die konjunkturelle Dellen einzelner Branchen abfedert. Starke Regional- und Geschäftsbanken agieren als Motoren der Heilbronner Wirtschaft, deren hohe Produktivität (Heilbronn zählt in dieser Disziplin landesweit zu den Spitzenreitern) mit die »Energiequelle« ist für die anerkannt hohe Lebensqualität der »Wohlfühlstadt« Heilbronn. So manches Sahnehäubchen wie ein eigenes, international renommiertes Kammerorchester und eigene städtische Bühnen leistet sich die Stadt zusätzlich

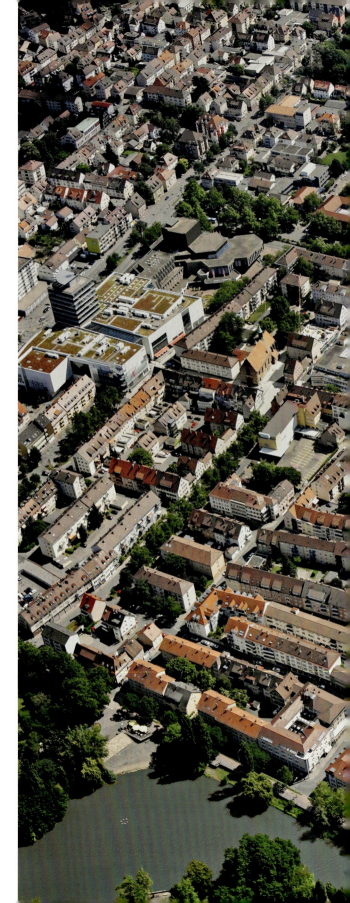

Hafenmarkt mit Hafenmarktturm, dem Relikt der ehemaligen Franziskanerkirche ▲

Entrée zur Oststadt ist die »Harmonie«, heute ein attraktives und leistungsfähiges Veranstaltungszentrum für Kultur und Kommunikation – direkt angebunden an die Stadtbahn. ▶

zu Einrichtungen wie Volkshochschule, Stadtbücherei, Musikschule und Museen, die zum Standard einer modernen, bürgerfreundlichen Stadt ganz einfach gehören.

Vor allem aber schafft Heilbronner Wirtschaftskraft Spielräume für die Entwicklung von Zukunftspotenzialen. In jüngster Vergangenheit für die Erschließung oder Sanierung großer Gewerbe- und Industriegebiete wie der Böllinger Höfe und des Alten Industriegebietes am Neckar, für die erfolgreiche Konversion von Militärflächen, den Bau der Stadtbahn und die »Gestaltungsoffensive Innenstadt«. Gerade diese verleiht dem Antlitz des regionalen Einkaufs-, Kultur- und Verwaltungszentrum für 900.000 Menschen zeitgemäße, großstädtisch anmutende Züge. Tatsächlich wurde für Heilbronn in den vergangenen zehn Jahren ein Fundament für das 21. Jahrhundert geschaffen. Die Bundesgartenschau 2019, welche auch auf den großen Brachen der Bahn Strukturen für Wohnen, Wirtschaft, Kultur, Freizeit und Natur neue Strukturen schaffen und dadurch die Stadtteile östlich und westlich des Neckars verbinden soll, wären der nächste Schritt in die Zukunft.

Heilbronn also – summa summarum – nicht Salz-, Wein- oder Käthchenstadt, sondern alles zusammen und noch ein gutes Stück mehr. Heilbronn ist eine Stadt mit beeindruckender Geschichte, mit beiden Beinen fest auf dem Boden der Gegenwart stehend und die Augen in die Zukunft gerichtet. Ihre Bürger können sie wie einen vertrauenswürdigen, zuverlässigen Partner erleben. Ohne Allüren, aber mit vielen nützlichen und angenehmen Talenten. Eine Stadt, die übersichtlich genug ist, um Heimat zu sein und weltläufig genug, um auch große Geister wie einen Theodor Heuss frei atmen zu lassen.

Heillbronn ist eine »gute Stadt« – ein Wort, das die Sache in Gänze trifft. Auch wenn das die württembergische Obrigkeit 1811 mit Sicherheit ganz anders gemeint hat und es sich überhaupt nicht als pfiffiger Slogan für die Außenwirkung eignet.

Strukturwandel in Heilbronn – während die Bahn weiter auf dem Rückzug ist, sind Straße und Schifffahrt Lebensadern für die Wirtschaft. Das rund 150 Jahre alte Industriegebiet am Neckar mit 440 Hektar Fläche verwandelt sich Schritt für Schritt in ein modernes Wirtschaftsgebiet mit innovativen Strukturen für Technologie, Dienstleistung, Produktion und Logistik. Nicht nur Indiz, sondern Motor für die wirtschaftliche Dynamik Heilbronns ist die zweitgrößte Bankendichte Baden-Württembergs.

Straße, Schiene, Fluss – typisches Infrastrukturensemble für Heilbronn, hier in Böckingen

Das Klinikum »Am Gesundbrunnen« ist Krankenhaus der Zentralversorgung, akademisches Lehrkrankenhaus und gehört mit den Kliniken am Neckarsulmer Plattenwald, in Brackenheim und Möckmühl zur SLK-Kliniken GmbH mit zusammen über 1.500 Betten.

Erfrischende Badelandschaft – Freibad Gesundbrunnen

Böckingen ist mit 22.000 Einwohnern Stadt in der Stadt.

Das Eisenbahnmuseum Heilbronn-Böckingen macht Eisenbahnstadt-Geschichte mit faszinierender historischer Technik lebendig.

Rangier-Bahnhof Heilbronn-Böckingen, einst pulsierendes Herz der Verkehrsdrehscheibe Heilbronn

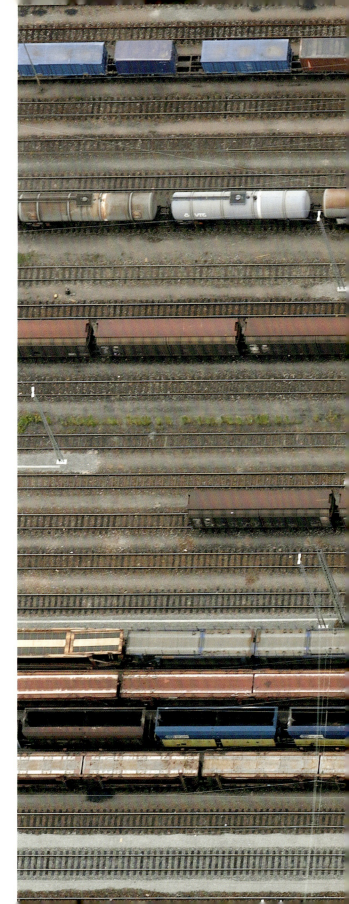

Wo der Tabak wächst – Heilbronn-Horkheim ◄

Kleinster Teilort von Heilbronn – Klingenberg ►

Nahtlos mit der Kernstadt verwachsen ist Sontheim. Mit der »Hochschule für Technik- und Wirtschaft« und dem »Businesspark Schwabenhof« wurde aus dem einst von US-Kasernen geprägten Teilort eine Zukunftsressource für Heilbronn.

Das Wasserschlösschen am Trappensee baute sich 1784 ein
holländischer Admiral, heute finden hier internationale Auktionen statt.

Im Pfühlpark mit Ausflugsgaststätte und Trappensee erholt sich
Heilbronn vom Alltagsstress.

Vom Wartberg aus ließ Goethe 1797 poetisch-schwärmerische Blicke über eine grüne, prächtige und wohlhabende Stadt Heilbronn schweifen.

Rund um den Wartberg, »Sülmer Ried«, Verkehrsübungsplatz und »Botanischer Obstgarten«.

Sommerliches Volksfest auf der Theresienwiese

Erste Adresse für Heilbronner Weine – die klassizistisch-stilvolle WeinVilla

Der von Hans Schweiner ab 1513 erbaute Kiliansturm mit dem »Männle«, einem Landsknecht auf der Spitze, gilt als erster Renaissance-Turm nördlich der Alpen.

Handwerkerzentrum in den »Böllinger Höfen«

Gut an die Autobahn A6 angebunden und großzügig konzipiert – der Industriepark »Böllinger Höfe«, in dem noch 90 Hektar Fläche zur Verfügung stehen. Im Bild die Heilbronner Teilorte Kirchhausen (links) und Biberach (rechts)

Heilbronner Ortsteile – Frankenbach (große Abb.) und Neckargartach (zwei kleine Abb.)

An Jagst und Kocher

»Die Zeit zurückgewinnen«... mit dieser Formel locken die Gemeinden des unteren Jagsttals Naherholer und naturbewusste Individualtouristen von der A81 hinunter in ihr grünes Paradies. Im kristallklaren Wasser des natürlich mäandernden Fließgewässers baden, Kanufahren, Angeln oder das Flüsschen mit dem Fahrrad verfolgen, Wandern durch schattige Wälder und sonnendurchflutete Täler – das heißt das Leben wieder spüren. Sensationen gibt es hier im Wortsinne, das Erinnern nämlich, trotz aller Digitalisierung nicht nur der homo faber des Informationszeitalters, sondern auch das Naturwesen Mensch zu sein. Das Jagsttal-Event sind das Wasser, die Auen und die Wälder, und ab und an darf es dazu ein rustikaler Rostbraten mit einem charaktervollen Schwarzriesling von den örtlichen Hängen sein. Abends dann gibt es große Kunst an der Jagst: Goethes Götz in der historischen Götzenburg Jagsthausens. Hier wird Klasse-Theater in historisch authentischen Kulissen unter freiem Sommerhimmel geboten, für den Götz die perfekte Mimesis, und auch für andere Stücke der Theaterliteratur ein einzigartiger ästhetischer Synergieeffekt. Aber Jagsthausen hat noch mehr zu bieten: etwa das Freilichtmuseum Römerbad, Relikt eines Kastells am vorgelagerten Limes, zwei weitere Schlösser, ein rotes und ein weißes, der mächtige achteckige Turm der gotischen Jakobus-Kirche ... und Jagsthausener Geschichte noch einmal im Schlossmuseum mit der original Eisernen Hand. Das »ritterliche Jagsttal« präsentiert sich besonders eindrucksvoll im über 1250 Jahre alten Möckmühl, eine wirkliche mittelalterliche Perle mit Burg und Bergfried und einem Stadtkern genau so, wie ihn Merian 1643 zeichnete. Götz von Berlichingen waltete hier als Amtmann des Herzogs von Württemberg, bis ihn der Schwäbische Bund 1519 gefangen nahm. Der zeitgenössische Kontrast ist da das moderne Kaufland Distributionszentrum, schlagkräftig an der A81 gelagert.

Neudenau, weiter flussabwärts, bietet neben dem schönen Fachwerk-Stadtkern eine besondere Kuriosität: die St. Gangolfskapelle mit ihren Wandmalereien. Hier huldigten wohl die Kelten Epona, ihrer Gottheit der Rosse, nach der Völkerwanderung weihten fränkische Mönche den Ort zur Kapelle mit Hufeisenschmuck am Portal. Immer am zweiten Sonntag im Mai gibt es hier eine Pferdeprozession mit rund 200 Teilnehmern. Ein Genuss für das Auge ist der Blick vom Bergfried der Ruine beim Nachbarort Herbolzheim über die Schlingen der Jagst hinweg.

Oedheim mit Naherholungsgebiet »Hirschfeldpark« ▶

Die zweitkleinste Stadt Baden-Württembergs – Widdern – hat rund 1.800 Einwohner und ist harmonisch ins Kessachtal eingebettet, trotz der Nähe der riesigen Autobahnbrücke eine wirkliche Idylle. Bereits 774 gab es Widdern, erwähnt im Lorscher Kodex. In Widdern spürt man ganz besonders die Liebe und Sorgfalt, mit der die Menschen im Jagsttal ihre Lebenswelt gestalten. Der architektur-historische Höhepunkt aber liegt weiter östlich flussaufwärts, ist eindeutig das Kloster Schöntal, ab 1161 an der Jagst erbaut und heute äußerst beliebte Tagungsstätte der Diözese Rottenburg-Stuttgart in barocker Pracht. Die Klosterkirche mit ihren zwei Türmen erhebt sich geradezu majestätisch aus dem Jagsttal, daneben steht die neue Abtei mit dem pompösen Treppenaufgang und dem »Ordenssaal«, dessen Wandbilder Trachten aller geistlichen und weltlichen Orden zeigt. Zugleich ist Schöntal – dank seines Abtes Benedikt Knittel – eines der originellsten Literaturmuseen Deutschlands. Überall hat der humorvolle geistliche Herr seine Knittelverse hinterlassen, auf Altären, Heiligenbildern, Portalen und Pokalen, auf Scheunen und in Kapellen, auf Alltäglichem und Sakralem.

Auch der Götz lässt grüßen im Kloster Schöntal, diesmal von der Grablege im Kreuzgang aus mit den Worten: »Anno Domini 1562 uf Donerstag, den 23. Juli umb sechs Uhr Abents verschied der edel und ernnvest Gottfrid von Berlichingen zu Hornberg d'Elter, so seines Alters über etlich achtzig Jar alt worden ...« Raubrittertum hält gesund – oder war es die gute Jagsttäler Luft?

Weil die Platte des Hardthäuser Waldes nach Süden hin in den Kocher entwässert, war im Kochertal – im Gegensatz zum Jagsttal – immer genug Wasserkraft für den Antrieb von Mühlen, Manufakturen und später Fabriken vorhanden. Kocher und Jagst laufen nebeneinander, nur durch einen Bergrücken getrennt. Einen »hausväterlichen Fluss« nennt die Literatur schon einmal den Kocher mit seinem industriellen Nutzeffekt und den Wiesen, Gemüse- und Getreidefeldern am unteren Flusslauf. Typische Kochergemeinden sind Oedheim, früher landwirtschaftliche Gemeinde, heute Wohngemeinde vor allem für Neckarsulm und Heilbronn, und Neuenstadt. Mörike sah hier anheimelnde Blumenpracht, vernahm »abendlich schwebende Gold-

glockentöne«. Der Synästhizismus ist durchaus nachempfindbar in den freundlich warmen Sommerabenden des Kochertals. Andere Töne donnern von Hardthausen her durch den Hardthäuser Wald. Wenn in Lampoldshausen die Raketentriebwerkstests des Europäischen Forschungs- und Testzentrums für Raumfahrtantriebe im DLR Institut Lampoldshausen laufen, legen Fuchs und Hase die Ohren an. Aber ganz Hardthausen ist sich bewusst: hier vibriert der Fortschritt. »Good vibrations« für eine wirtschaftlich zukunftsorientierte Gemeinde, Lampoldshausen ist Mitglied im Verein der Arianestädte gemeinsam mit Barcelona, Bordeaux, Toulouse, Lüttich, Turin und Bremen.

Zwischen Kocher und Brettach liegt Neuenstadt mit seinem Torturm aus dem Mittelalter. ▲

Stein am Kocher, mit dem Wasserschloss Presteneck, einer Renaissance-Anlage

Der Hardthäuser Wald trennt Jagst und Kocher.

Jagsthausen wurde nicht von Goethe erfunden, hier bauten schon die Römer im 2. Jahrhundert n. Chr. ihr Kastell am vorgelagerten Limes. Zentrales »Produkt« sind die Burgfestspiele in der Originalburg des Götz von Berlichingen.

Die »Götzenburg« mit Schlossmuseum, in dem die »Eiserne Hand« des Ritters zu bestaunen ist

Das »Rote Schloss« aus dem 17. Jahrhundert und die evangelische Stadtkirche in Jagsthausen ▲

»Götzenburg« mit Zuschauertribüne ▶

Das »Weisse Schloss«, erbaut im 18. Jahrhundert

1200 Jahre alt ist Möckmühl, die Stadt, in der Götz von Berlichingen als Amtmann des Herzogs von Württemberg waltete, bis ihn der »Schwäbische Bund« 1519 gefangen nahm. Eine architekturhistorische »Perle« ist das Städtchen mit spätmittelalterlichem Stadtkern, Burg und Bergfried. ◄

Auch der Stadtkern von Neudenau hat mittelalterliche Reize. ▲

Schloss Domeneck bei Züttlingen

Schloss Assumstadt im Jagsttal bei Züttlingen, als Rokokoschloss 1769 gebaut, war ein Geschenk der Maria Theresia an ihren Feldzeugmeister.

Kaufland-Logistik-Zentrum an der Autobahn A81 bei Möckmühl

Weinsberger Tal – Sulmtal

»Königswort ist nicht wandelbar«... mit diesem gerade in Zeiten der Mediendemokratie bemerkenswerten Satz soll der Staufer Konrad III. den legendär listigen Weibern von Weinsberg 1140 den Abzug aus der calwisch-welfischen Burg mit samt ihren Ehemännern erlaubt haben. Die Story ist fast so bekannt wie der Stau auf dem Weinsberger Autobahnkreuz: Konrad hatte den Weinsberger Frauen erlaubt, die belagerte Burg mit allem, was sie auf dem Rücken tragen können, zu verlassen - die Weinsberger Ehemänner waren tragbar. Überhaupt ist Weinsberg gut für große Geschichte und kleine Geschichtchen. Weinsberger sind schlau und selbstbewusst. So wurde die Stadt, die vollständig reichsfrei werden wollte, 1422 wegen Renitenz von ihrer Herrschaft geächtet. Von 1428 an war Weinsberg dann zwar reichsfrei, aber nur bis ein Kunz von Bebenburg es im Handstreich eroberte und an die Pfalz verkaufte. Am 16. April 1525 dann, während des Bauernkrieges, erstürmte der Helle Haufen Burg und Stadt, brannte den einstigen Alterssitz der Kaiserinmutter Adelheid aus dem 11. Jahrhundert nieder und jagte etliche Adelige durch die bäuerlichen Spieße. Darunter auch den österreichischen Obervogt Graf Ludwig von Helfenstein, einen Schwiegersohn Kaiser Maximilians I., den der Truchseß Georg von Waldburg, der Bauernjörg, bitter rächte. Der entzog Weinsberg das Stadtrecht, zündete die Stadt und etliche Dörfer im Umkreis an. Die Burgruine Weibertreu gehört nun zu den bekanntesten Wahrzeichen des Unterlandes mit ihren Resten eines mächtigen Turmes, des Bergfrieds und der Ringmauer. Zu verdanken ist dies dem Weinsberger Dichter und Arzt Justinus Kerner, der den Weibertreuverein zur Pflege der Ruine gründete. So mancher Marketingprofi könnte von den Weinsberger Frauen lernen, die Weibertreuringe und -armreifen mit original Mörtelstückchen verkauften. Unterstützt vom Dichter, der alle deutschen Frauen zur Erhaltung der Weibertreu als Denkmal deutscher Frauentreue aufrief. Burg- und Ritterromantik standen hoch im Kurs zu Kerners Zeiten, der große Poeten wie Ludwig Uhland, Eduard Mörike, Gustav Schwab, Ludwig Tieck oder Nikolaus Lenau nach Weinsberg zog. Das Justinus-Kerner-Haus und das Weibertreu-Museum berichten en Detail darüber.

Weinsberg mit seiner Burg »Weibertreu« und sonnenverwöhnten Weinlagen

Erwähnenswert natürlich auch das Staatsweingut, die Staatliche Lehr- und Versuchsanstalt für Wein und Obstbau, als älteste Weinbauschule Deutschlands 1868 eröffnet. Dass Weinsberger initiativ sind und ihren eigenen Kopf haben, erfuhr auch der berühmte Nationalökonom Friedrich List, als er während der Hungerjahre 1816/17 in der Funktion eines königlichen Beauftragten Auswanderungswillige zum Bleiben bewegen wollte. »Lieber Sklave in Amerika als Bürger in Weinsberg«, so lautete die schlagfertige Antwort damals.

Während Weinsberg, immerhin ein vitaler Wirtschaftsstandort mit einigen renommierten Unternehmen, sich eher vom historischen Image nährt, hat sich der Nachbarort Eberstadt durch sein internationales Hochsprung-Meeting bei Sportliebhabern Meriten verdient. Immerhin gilt der anspruchsvolle Wettbewerb allgemein als „Vorlauf für Olympia".

Anschließend ans Weinsberger Tal hinein geleitet das Sulmtal wie ein sanftes Präludium mit seinen Wiesen, Feldern und Rebhügeln zu den bewaldeten Höhen der Löwensteiner Berge. Links und rechts der Sulm liegt Ellhofen, 1037 noch Ellenhoven genannt, ein Unterländer Weinort von einigem Renommee ebenso wie Lehrensteinsfeld (1254 Lohern, 1384 Stainsfelt). Situiert auf flachem Höhenrücken zeigt es sich dem Besucher als ländlicher Ort mit dem Staffelgiebel-Schloss (16. Jahrhundert) derer

von Gemmingen und einem fast ursprünglich erhaltenen Renaissance-Rathaus aus dem Jahr 1521. Bemerkenswert an der Geschichte Lehrensteinsfelds ist die Aufnahme von Juden durch die Freiherrn von Gemmingen im 17. Jahrhundert. So waren 1850 rund ein Drittel der Lehrensteinsfelder jüdischer Abstammung, ab 1832 war Lehren sogar Sitz eines jüdischen Rabbinats.

Die Gemarkung von Obersulm, ein typisches Produkt der Gemeindereform mit den Ortsteilen Affaltrach, Eichelberg, Eschenau, Sülzbach, Weiler und Willsbach, beginnt noch im Weinsberger Tal und erstreckt sich bis zu den Ausläufern des Mainhardter Waldes und den Löwensteiner Bergen. Die abwechslungsreiche Landschaft mit Reben, Wiesen und Wäldern lädt zum Wochenendwandern und zu Fahrradtouren ein, der Breitenauer See mit seinen gepflegten Ufern und Rasenflächen zum Baden und zum sanften Wassersport. An den Ufern dieses künstlichen Gewässers – einst erbaut, um Audi in Neckarsulm vor dem Hochwasser des Bächleins Sulm zu schützen, befindet sich einer der schönsten Campingplätze Deutschlands. Wer nach historischen Spuren fahndet, wird sich für das bereits 780 urkundlich genannte Eschenau (villa Esginaha) interessieren mit seinem Schloss der Freiherrn von Gemmingen aus dem 16. Jahrhundert. »Die Irre von Eschenau«, der Roman von Otfried Mylius, hat das Schicksal der Sängerin Marianne Pyrker zum Sujet, machte das Dorf in kulturell bewanderten Kreisen über das Weinsberger Tal hinaus bekannt. Weit prominenter noch ist der fahrende Meistersänger Michael Beheim, ein Sülzbacher, der von 1416 bis ca. 1471 lebte.

Kayberg bei Erlenbach

Autobahn bei Hölzern

Lehrensteinsfeld mit Schloss. Sehenswert ist hier auch das fast ursprünglich erhaltene, 1521 erbaute, Renaissance-Rathaus.

Der Breitenauer See am Fuß der Löwensteiner Berge ist einer der beliebtesten Badeseen des Unterlands. Naturnahe Ufer, große grüne Freiflächen, sauberes Wasser und gute Luft laden Besucher von weit her zum »Weekend im Grünen« ein. Dass der Breitenauer See ein künstlicher See ist, der das Hochwasser der Sulm vom Neckarsulmer Audi-Werk fernhalten soll, fällt hier nirgends auf.

Rund um den Breitenauer See liegen die Obersulmer Teilorte Affaltrach (links), Willsbach (rechts oben) und Weiler (rechts unten)

Löwensteiner Berge – frische Luft und dunkle Wälder

… sind das Markenzeichen der Löwensteiner Berge, für die das Landstädtchen Löwenstein auf einem Vorsprung platziert eine Art Portal darstellt. Die Festungsruine auf dem Burgwerk und Buckelquader aus spätrömischer Zeit deuten darauf hin, dass Löwenstein schon turbulente historische Zeiten miterlebt hat. Zuletzt übrigens am 14. April 1945, als amerikanische Bomber und Artilleriegeschütze Löwenstein ins Visier nahmen und den Ortskern sowie das Grafenschloss zerstörten. Niemand würde heute in einem solch gemütlichen, gepflegten Örtchen ein wichtiges Kriegsziel des Zweiten Weltkrieges vermuten. Auch der Bauernaufstand 1525 hinterließ seine Spuren, und 13 Jahre zuvor brannte das Schloss während der Hochzeit des Grafen Wolfgang nieder, wobei dieser sein Leben ließ. So blieb nicht viel übrig vom alten „Lewinstein" (erwähnt 1123), nichts vom Grafenschloss und nur Reste der von den Grafen von Calw um 1100 errichteten Burg auf dem 429 Meter hohen Burgberg. Dennoch, allein der Blick über den Breitenauer See und das Weinsberger Tal weit ins Unterland lohnt den Abstecher, ebenso eine Kostprobe des Weins, der am Aufstieg um Reisach und Löwenstein wächst. Sehenswert ist zudem das älteste Gebäude Löwensteins, eine Fachwerkkonstruktion aus dem 14. Jahrhundert, in dem das Manfred-Kyber-Museum an den gesellschaftskritischen Literaten erinnert. In unserer Zeit ist der im nördlichen Teil des Naturparks »Schwäbisch-Fränkischer Wald« gelegene staatlich anerkannte Erholungsort Löwenstein durch seine Klinik für Lungenerkrankungen, am Stammtisch salopp »Hustenburg« genannt, im weiten Umkreis bekannt geworden.

Zu Löwenstein gehören das einstige Kloster mit dem schönen Namen Lichtenstern – lateinisch noch poetischer klingend »stella praeclara« – sowie Teusserbad, eine der ältesten Badestätten der Gegend. Im Tuffingestal von Luitgard von Weinsberg 1242 gegründet, wurde das Zisterzienserinnen-Kloster durch adelige Schenkungen rasch zu einem der reichsten Württembergs. Klosterkirche, Teile des Kreuzgangs, eine Kapelle, Wohn- und Wirtschaftsgebäude und einige eindrucksvolle Beispiele sakraler Kunst erinnern im heutigen Pflegeheim der evangelischen Kirche für geistig Behinderte an die vergangene Pracht. In Teusserbad

hatten die Kelten einen Weihbrunnen, die Römer nutzten die Bittersalzquelle, und vom 16. Jahrhundert bis in die Dreißiger des zwanzigsten Jahrhunderts konnte man in diesem Ortsteil mit dem Lust- und Badeschlösschen der Löwensteiner Grafen kuren. Von hier kommt der »Felsenquell aus Löwenstein«, abgefüllt vom Teusser Mineralbrunnenbetrieb auf dem Gelände der ehemaligen Kuranlagen.

Weiter dem Mainhardter Wald zu liegt Wüstenrot inmitten von schattigen Wäldern, mit mildem und reizarmem Klima und einigen Angel- und Badeseen auch eine reizvolle Freizeitlandschaft für aktive Wanderer zu Fuß und zu Fahrrad. Nicht fehlen darf da die malerische Ruine auf dem Bergsporn – hier Maienfels über dem Brettachtal. Ein veritables Raubritternest war die von den Herren von Neideck im späten 13. Jahrhundert erbaute Burg im 15. Jahrhundert, bis sie von einem reichsstädtischen Heer gestürmt und geschleift wurde. Doch nicht nur die »alten Rittersleut« hinterließen interessante Spuren in dieser Gegend. In Wüstenrot wurde die erste deutsche Bausparkasse gegründet, in Bergwerken mit Namen wie »Soldatenglück« und »Unverhofftes Glück« grub man nach Silber, in Neuhütten sowie in Neulautern arbeiteten schon im 15. und 16. Jahrhundert Glashütten. Nicht nur für Hobby-Historiker ist es da spannend, die Spuren alter Wirtschaftsgeschichte zu entdecken.

Löwenstein

Aufstieg ins winterliche Löwenstein

Ruinen der Burg Löwenstein

Löwenstein: Klinik für Lungenerkrankungen

Steinknickle-Turm

Berühmte Kurve – »Bikertreff« auf der Löwensteiner Platte

Finsterrot ▼

Stocksberg ▼

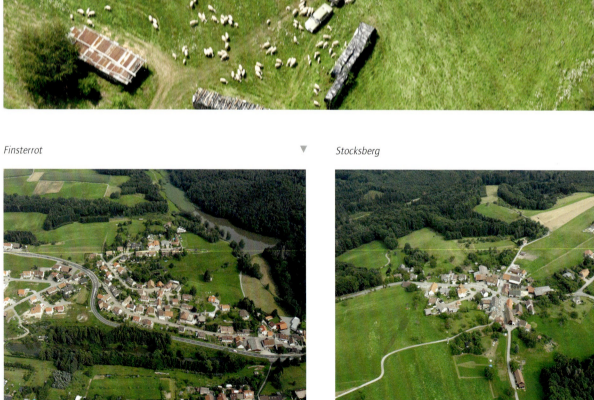

Wüstenrot

Bleichsee bei Löwenstein

Schozachtal – Abstecher nach Abstatt

… lohnen sich ebenso wie nach Ilsfeld und Untergruppenbach westlich und Beilstein östlich der Autobahn Heilbronn-Stuttgart. Es sind Abstecher in die freundliche Landschaft des Schozachtals, das von den Wäldern der Heilbronner Berge, der Löwensteiner Berge und der Pfahlhofplatte umrahmt wird. Eine Freizeit- und Naherholungslandschaft par excellence für ein erholsames Wochenende jener Städter, die werktags über die A81 dem Erfolg nachjagen. Manche Perle blüht da im Verborgenen wie das malerisch gelegene Beilstein mit seiner Burg Hohenbeilstein, die im 12. Jahrhundert errichtet wurde. Der von Reben umgebene »Langhans«, ein 28 Meter hoher fünfeckiger Bergfried, wacht über das Städtchen, von dem noch Schenkelmauern hinauf zur Burg laufen. Ein wahres Arkadien für stimmungsvolle Weinfeste, die traditionsgemäß am Fuße der Burg gefeiert werden.

Ausflugsziel sind natürlich auch die rustikale Burggaststätte sowie die Burgfalknerei, die sich Schutz und Aufzucht von Tag- und Nachtgreifen verschrieben hat und ihre Besucher mit rasanten Flugvorführungen und Beireite-Übungen fasziniert.

Prachtvoll zudem das Beilsteiner Rathaus mit seiner schönen Fachwerkfassade und dem steinernen Unterbau, ausgangs des 16. Jahrhunderts erbaut.

Ein ähnliches Bild wird wohl Ilsfeld in vergangenen Jahrhunderten geboten haben, das 1102 als »Ilisvelt« erwähnt wurde, als Kaiser Heinrich IV. den Ort dem Hochstift Speyer schenkte. Ein ummauerter Marktort mit Wehrkirche und Türmen war Ilsfeld, das im Dreißigjährigen Krieg und noch einmal 1904 völlig niederbrannte. Der Besuch lohnt sich dennoch – der guten Weine wegen.

Eine mächtige Burg, die Burg Wildeck, hat auch Abstatt zu präsentieren – landschaftstypisch auf einem von Reben bewachsenen Bergsporn platziert. Weithin sichtbar ist ihr massiver Wohnturm mit einer Wandstärke von bis zu drei Metern.

Mittelalterliche Adelige waren beileibe nicht die ersten auf der Gemarkung. Aus der Jungsteinzeit stammen gefundene Steinbeile, Bronzezeitgenossen siedelten ebenfalls an dieser strategisch recht günstigen und klimatisch vorteilhaften Stelle.

Strategie gestern und heute: die Lage – direkt an der A81 nahe Stuttgart – und sicherlich auch die attraktive Umgebung bewogen zwei erfolgreiche High-Tech-Unternehmen, Bosch und Getrag, nach Abstatt bzw. Untergruppenbach zu ziehen. Hunderte Ingenieure, Wissenschaftler und Techniker arbeiten in diesen Hochburgen des technologischen

Untergruppenbach mit Schloss Stettenfels

Fortschritts. Einen großen Coup haben die beiden Gemeinden mit dieser Ansiedlung zukunftsfähiger Technologiezentren gelandet – ein ökonomisches Plus für die ganze Region Heilbronn-Franken.

Einen mittelalterlichen Kanonenschuss weit davon entfernt erhebt sich Schloss Stettenfels auf einem Schilfsandsteinsporn der Heilbronner Berge. Bestens erhalten ist die Anlage mit ihren Türmen, mit gemauertem Halsgraben, Palas und hochragenden Mauern aus dem 17. Jahrhundert, die ein unregelmäßiges Viereck als Innenhof umgeben. Als die Grafen Fugger im 16. Jahrhundert die Burgherren waren, leisteten sich Stettenfels und seine Untertanen ihren eigenen kleinen, aber blutigen Glaubenskrieg. Katholische Gottesdienste in der Schlosskirche und nach Stettenfels berufene Kapuzinermönche provozierten überzeugte Protestanten der Umgebung bis hin zu gewaltvollen Ausschreitungen. Württemberger Soldaten machten dem Konflikt mit ihrer Militärexekution ein Ende. Das Schloss Stettenfels ist heute ein Tagungszentrum mit niveauvoller Gastronomie und origineller Atmosphäre in historischen Kulissen.

Burg Wildeck bei Abstatt

Weingut Amalienhof bei Helfenberg

Malerisches Beilstein mit Fachwerk, Reben und dem 28 Meter hohen fünfeckigen »Langhans«, dem Burgfried der Burg Hohenbeilstein

Abstatt mit Bosch-Werksgelände

Burgruine Helfenberg ◄

Ilsfeld ▶

Talheim mit der »Oberen Burg« ▶▶
und dem alten Steinbruch

Flein mit winterlicher Weinbergidylle

Zabergäu – Rotweinparadies zwischen Strom- und Heuchelberg

Mit viel Sonne und Keuperböden bringt das Zabergäu mit 1500 Hektar Reben zwischen dem Stromberg im Norden und dem Heuchelberg im Süden ehrlich-charaktervolle Tropfen und international renommierte Spitzenweine hervor: Lemberger, Trollinger, Samtrot, Schwarzriesling, Schillerwein, Grauburgunder, Ruländer, Silvaner und Traminer sind die bekanntesten Sorten. Den Heuchelberger schätzte er sehr, der erste Präsident der Bundesrepublik Deutschland. Sein Geburtsstädtchen Brackenheim ehrt ihn mit einer zwar räumlich kleinen, aber dank pfiffigem Medieneinsatz inhaltlich sehr aussagekräftigen Begegnungsstätte, dem Theodor-Heuss-Museum. Allein Brackenheim, wo Weinbau seit dem 12. Jahrhundert beurkundet ist, bewirtschaftet fast 850 Hektar Reben. Das milde Klima war auch Ursache für frühe Besiedelung, für Botenheim, Dürrenzimmern, Haberschlacht, Hausen, Meimsheim, Neipperg und Stockheim dürfen erste Siedlungen aus der Jungsteinzeit angenommen werden. Auch die Römer nutzten die fruchtbare Gegend, wie die Jupitersäule in Brackenheim zeigt.

Uralte Kultstätte wie sein Gundelsheimer Namensvetter ist auch der Cleebronner Michaelsberg, der mit seinen fast 400 Metern Höhe den Blick bis hin zur Schwäbischen Alb, in den Odenwald oder die Vogesen schweifen lässt. Ganz in der Nähe lockt eine Touristenattraktion besonderen Ranges: der Vergnügungspark Tripsdrill mit Altweibermühle und das Wildparadies Stromberg mit Geiern, Adlern, Bären, Luchsen und vielen anderen Tieren mit Zähnen und Klauen. Früher erwähnt noch als Cleebronn wurde Güglingen (777 »Cochelingen«), dessen mittelalterliches Ensemble im 19. Jahrhundert durch zwei große Stadtbrände zerstört wurde. Ein prominenter »Gast« Güglingens war übrigens ein Jahr lang der Astronom Johannes Kepler, der 1620 dem Hexenprozess gegen seine Mutter beiwohnen musste.

Mindestens einen Blick wert ist auch Pfaffenhofen, wo einst jährlich ein Sittengericht und ein Umzug mit Gelage abgehalten wurde solange, bis die Pfaffenhofener 1556 zu arg über die Stränge schlugen. Hans Wunderer, oberster Bauernführer und bewunderter Baumeister, ist der berühmteste Sohn Pfaffenhofens. Selbstverständlich hat auch das Zabergäu seine Burgen, Schlösser und Schlösschen, Badeseen und rund 33.000 Hektar Auen, Streuobstwiesen und Wälder. Ein Paradies nicht nur für Rotweingenießer.

Nordheim (links unten) und Nordheimer Stadtkern rechts ◂◂

Herrliche Ausblicke genießt man vom »Hörnle« bei Dürrenzimmern ▴

Nordheims Teilort Nordhausen, ehemalige Waldensergemeinde ◂◂

Cleebronn am Michaelsberg ◀

Schloss Magenheim ▲

St. Michaelskapelle – heute ein geschätztes Bildungszentrum ▶

Heuss-Geburtsstadt Brackenheim ⋘

Stadtkern Brackenheim ⋘

Stromberg ⋙

Güglingen mit der Herzogskelter ◂◂

Ehmetsklinge und Katzenbachstausee – Badefreuden bei Zaberfeld

Stockheim mit Schloss Stocksberg, dem Renaissance-Schloss des Deutschen Ordens

Pfaffenhofen (oben), Zaberfeld (unten)

Wie aus dem Bilderbuch: Neipperger Stauferburg ▲

Schwaigerns Ortskern ist geprägt vom Barockschloss der Grafen von Neipperg und dem »Alten Rentamt« bei der evangelischen Kirche (links und Mitte). ▶▶

Leingarten (rechts oben) und der Leinbach, der wieder naturnah durchs Leintal mäandert (rechts unten) ▶▶▶

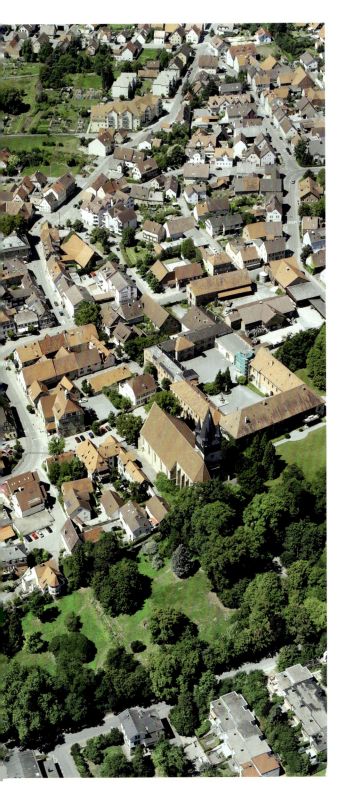

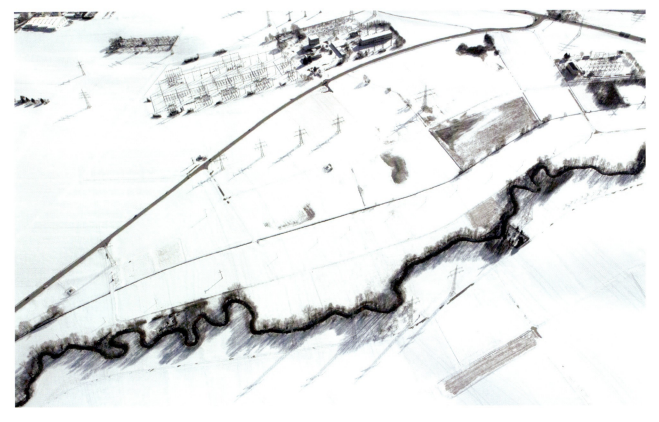

| 159 |

Kraichgau – sympathisch strukturschwach

Was wachstumsorientierten Bürgermeistern als Herausforderung gilt, ist das große Plus des Kraichgaus: die Abwesenheit von landschaftsbeherrschender Infrastruktur und touristischen Sensationen. Durch den Kraichgau mit seinen weiten Ebenen und sanften Hügeln wandert, wer Ruhe und Gelassenheit genießen und die feineren Saiten des Lebens erklingen lassen will. Sonnig das Klima, freundlich die Farben der Natur, hie und da eine Kirchturmspitze oder einer der für den Kraichgau typischen Hohlwege zwischen Getreidefeldern und Rüben. Heimat, so hat es Martin Walser formuliert, sei »der schönste Ausdruck für Zurückgebliebenheit«.

Hier gibt es noch Dörfer mit dreistelligen Telefonnummern und viel alter Bausubstanz. Aber durchaus auch moderne Impulse, die von Wirtschaftsstandorten wie Bretten, Sinsheim oder Eppingen ausgehen – und natürlich von der Stadtbahn, die den Kraichgau ökologisch verträglich erschließt. Natürlich gedeiht im Kraichgau – zwischen Neckar und Rhein - bester Wein. Zwanzig Rebsorten kultivieren hier traditionsreiche Keller von altem Adel und eine junge Winzergeneration mit frischen Ideen.

Wer sich näher mit dem Kraichgau befasst, entdeckt mehr als nur Erwähnenswertes. Zum Beispiel die Spuren berühmter Kraichgauer, von denen Philip Melanchton der gelehrteste, Dr. Faustus der geheimnisvollste, Friedrich Hecker der radikalste und der bei Mauer gefundene Homo Heidelbergensis der älteste war. Dann das Weltkulturerbe Kloster Maulbronn und die berühmte Wimpfener Stauferpfalz.

Die Bäder Rappenau und Wimpfen im Osten und Bad Schönborn im Westen laden mit ihren Heilquellen zum Kuren ein, und ein lohnendes Spektakel für Technikfans ist das Sinsheimer Museum mit Mobilem vom Dampfross bis zur »Tupolew« und »Concorde«. Dazu das einmalige Fachwerkensemble Eppingens, Spuren der Römer, Schlösser, Ruinen und steinerne Hinterlassenschaften von rund 150 Kraichgauer Adelsfamilien – das alles und noch mehr ist der Kraichgau, den man mit weitem Blick von der Heuchelberger Warte aus überschauen kann.

Gemmingen mit dem »Unteren Schloss«

In Eppingen, auch für die Wirtschaft ein interessanter Standort, wird ein gutes Bier gebraut. Weite Getreidefelder umgeben die Stadt.

Eppinger Fachwerk mit der »Alten Universität« bei der Kirche

Ottilienbergkapelle

Eppingen-Mühlbach mit Badesee

Ittlinger Steinbruch ◄

Massenbachhausen ►

Fürfeld

Bonfeld

Kirchardt

Bildverzeichnis nach Seiten

Seite 8/9	Neckartal	Seite 52	Heilbronn, Industriegebiet mit Hafen	Seite 74	Heilbronn,
Seite 10/11	Schloss Liebenstein	Seite 53	Heilbronn, Wohnen im Grünen		> Industriegebiet Böllinger Höfe
Seite 12/13	Neckarschleife bei Neckarwestheim	Seite 54	Heilbronn, Hafenmarkt		> im Hintergrund rechts Ortsteil Biberach
Seite 14	Zwischen Lauffen und Heilbronn	Seite 55	Heilbronn, Innenstadt		> im Hintergrund links Kirchhausen
Seite 15	Neckarwestheim mit Kernkraftwerk	Seite 56/57	Heilbronn,	Seite 75	Heilbronn-Frankenbach,
Seite 16/17	Neckartal		> oben links Hafen und Neckarkanal		unten Heilbronn-Neckargartach
Seite 17	Lauffen		> rechts Bahngelände Böckingen	Seite 76/77	Blick auf Heilbronn von Norden
Seite 18/19	Neckartal mit Lauffen		> unten Hauptbahnhof	Seite 78/79	Domäne Heuchlingen an der Jagst
Seite 20	Lauffen		> Mitte Industriegebiet	Seite 80	Oedheim
Seite 21	Heilbronn		> rechts Kreissparkasse Heilbronn	Seite 81	Hirschfeld-Park
Seite 22/23	Heilbronn	Seite 58	Heilbronn-Böckingen, Eisenbahnbrücke,	Seite 82/83	Intensive Landwirtschaft
Seite 24	Neckarsulm		Klinikum am Gesundbrunnen	Seite 84/85	Neuenstadt, rechts Wasserschloss in Stein
Seite 25	Weinberge bei Neckarsulm	Seite 59	Heilbronn-Neckargartach,	Seite 86/87	Hardthäuser Wald
Seite 26	Aquatoll Neckarsulm		Freibad Gesundbrunnen	Seite 88	Jagsthausen
Seite 27	Audi Neckarsulm	Seite 60	Heilbronn-Böckingen	Seite 89	Götzenburg in Jagsthausen
Seite 28	Neckarsulm-Amorbach	Seite 61	Heilbronn-Böckingen, Eisenbahnmuseum	Seite 90/91	Jagsthausen,
Seite 29	Kreiskrankenhaus Plattenwald	Seite 62	Heilbronn-Böckingen		> links Rotes Schloss mit Ev. Kirche
Seite 30/31	Untereisesheim	Seite 63	Heilbronn-Böckingen, Güterbahnhof		> Mitte Götzenburg mit Zuschauertribüne
Seite 32	Bad Friedrichshall	Seite 64	Heilbronn-Horkheim		> rechts Weißes Schloss
Seite 33	Salzbergwerk, im Hintergrund	Seite 65	Heilbronn-Klingenberg	Seite 92/93	Erntezeit
	Bad Friedrichshall-Kochendorf	Seite 66/67	Heilbronn-Sontheim	Seite 94	Möckmühl
Seite 34/35	An Jagst und Kocher	Seite 68	Heilbronn, Trappensee	Seite 95	Neudenau
Seite 36/37	Wimpfen im Tal, rechts Benediktinerabtei	Seite 69	Heilbronn, Pfühlpark	Seite 96/97	Züttlingen,
	Grüssau zu St. Peter	Seite 70	Heilbronn, Wartberg		> links und oben rechts
Seite 38	Bad Wimpfen	Seite 71	Heilbronn,		Schloss Assumstadt
Seite 39	Bad Wimpfen		> oben links Sülmer Ried		> unten links Domeneck
Seite 40	Bad Wimpfen		> rechts Verkehrsübungsplatz Wolfszipfel		> rechts Logistikzentrum Kaufland
Seite 41	Bad Wimpfen		> unten Wohngebiet unterhalb des	Seite 98/99	Herbststimmung
Seite 42	Offenau		Wartbergs mit „Botanischer Obstgarten"	Seite 100/101	Autobahnkreuz Weinsberg
Seite 43	Südzucker-Werk bei Offenau	Seite 72/73	Heilbronn,	Seite 102/103	Weinsberg, Burg Weibertreu
Seite 44/45	Gundelsheim		> links Volksfest auf der Theresienwiese	Seite 104	Erlenbach mit Kayberg
Seite 46/47	Gundelsheim		> Mitte Kilianskirche mit Rathaus	Seite 105	Autobahntunnel bei Hölzern
Seite 48/49	Heilbronn		und Marktplatz	Seite 106	Weiher bei Hölzern
Seite 50	Heilbronn, Insel-Hotel und Hagenbucher		> rechts WeinVilla	Seite 107	Lehrensteinsfeld
Seite 51	Heilbronn, Innenstadt			Seite 108/109	Breitenauer See

Seite 110/111	Obersulm,
	> links Affaltrach
	> rechts oben Willsbach
	> unten Weiler
Seite 112/113	Löwensteiner Berge
Seite 114/115	Löwenstein
Seite 116	Löwenstein
Seite 117	Burg Löwenstein
Seite 118	Löwensteiner Berge
Seite 119	Löwenstein,
	> oben Klinik
	> unten links Steinknickle-Turm bei Neuhütten
	> rechts Bikertreff an der B 39
Seite 120	Löwensteiner Berge,
	> oben Schafherde am Waldrand
	> unten links Finsterrot
	> rechts Stocksberg
Seite 120/121	Bleichsee, oben Wüstenrot
Seite 122/123	Ausläufer Löwensteiner Berge
Seite 124/125	Untergruppenbach mit Schloss Stettenfels
Seite 126	Burg Wildeck
Seite 127	Weingut Amalienhof
Seite 128/129	Beilstein mit Burg Hohenbeilstein
Seite 130	Bosch-Werk bei Abstatt
Seite 131	Abstatt
Seite 132	Helfenberg
Seite 133	Ilsfeld
Seite 134/135	Talheim
Seite 136	Flein
Seite 137	Weinberge bei Flein
Seite 138/139	Heuchelberg
Seite 140	Oben Nordheim, unten Nordhausen
Seite 141	Nordheim
Seite 142/143	Hörnle bei Dürrenzimmern
Seite 144/145	Brackenheim
Seite 146/147	Michaelsberg bei Cleebronn
	> oben rechts Schloss Magenheim
	> unten St. Michaelskapelle
Seite 148/149	Stromberg
Seite 150/151	Güglingen
Seite 152	Stausee Ehmetsklinge
Seite 153	Katzenbachstausee
Seite 154	Oben Pfaffenhofen, unten Zaberfeld
Seite 155	Stockheim, rechts Schloss Stocksberg
Seite 156/157	Neipperg, Burg Neipperg
Seite 158/159	Schwaigern
Seite 159	Oben Leingarten, unten Leinbach
Seite 160/161	Kraichgau
Seite 162	Gemmingen
Seite 163	Kraichgau
Seite 164/165	Eppingen
Seite 166	Eppingen
Seite 167	Oben links Eppingen,
	> rechts Ottilienbergkapelle
	> unten Eppingen-Mühlbach
Seite 168	Oben Ittlingen, unten zwischen Berwang und Massenbachhausen
Seite 169	Massenbachhausen
Seite 170	Links Fürfeld, rechts Bonfeld
Seite 171	Kirchardt
Seite 172/173	Gewitterstimmung

Bildverzeichnis nach Stichworten (A–G)

Abstatt	131
Affaltrach	110
Aquatoll	26
Autobahn	100, 101, 105
Bad Friedrichshall	32, 33, 36
Bad Wimpfen	38, 39, 40, 41
Beilstein	128, 129
Bleichsee	120, 121
Bonfeld	170
Brackenheim	144, 145
Breitenauer See	108, 109
Burgen und Schlösser	10, 11, 45, 78, 85, 89, 90, 91, 94, 96, 97, 102, 103, 107, 117, 124, 126, 128, 134, 147, 155, 156
Cleebronn	146, 147
Domeneck	97
Ehmetsklinge	152
Eisenbahnanlagen	56, 58, 60, 61, 62, 63
Erlenbach	104
Eppingen	164, 165, 166, 167
Finsterrot	120
Flein	136
Freibäder	26, 44, 59
Fürfeld	170
Gemmingen	162
Götzenburg	89, 90
Güglingen	150, 151
Gundelsheim	44, 45, 46, 47

Bildverzeichnis nach Stichworten (H–Z)

Hardthäuser Wald	86, 87
Heilbronn	21, 22, 23, 48, 49, 50, 51, 52, 53, 54, 55, 56, 57, 58, 68, 69, 70, 71, 72, 73, 74, 76, 77
Heilbronn-Biberach	74
Heilbronn-Böckingen	58, 60, 61, 62, 63
Heilbronn-Frankenbach	75
Heilbronn-Horkheim	64
Heilbronn-Kirchhausen	74
Heilbronn-Klingenberg	65
Heilbronn-Neckargartach	59, 75
Heilbronn-Sontheim	66, 67
Helfenberg	132
Heuchelberg	138, 139
Heuchlingen	78
Hirschfeld-Park	80
Hörnle	142, 143
Ilsfeld	133
Industriegebiete	24, 27, 43, 52, 56, 57, 74, 97, 130
Ittlingen	168
Jagsthausen	88, 89, 90, 91
Jagsttal	34, 78
Katzenbachstausee	153
Kayberg	104
Kernkraftwerk	12, 15, 16
Kirchardt	171
Kliniken	29, 58, 119
Kochertal	34
Kraichgau	160, 161
Lauffen	17, 19, 20
Lehrensteinsfeld	107
Leinbach	159
Leingarten	159
Löwenstein	114, 115, 116, 117, 119
Löwensteiner Berge	112, 118, 119, 120, 122, 123
Massenbachhausen	169
Michaelsberg	146, 147
Mühlbach	167
Möckmühl	94
Naturimpressionen	31, 34, 35, 82, 83, 92, 93, 98, 99, 106, 118, 120, 160, 163, 168, 170, 171, 172, 173
Neckarsulm	24, 26
Neckarsulm-Amorbach	28
Neckartal	8, 9, 12, 13, 16, 17, 18, 19, 20, 21
Neckarwestheim	12, 15
Neipperg	156
Neudenau	95
Neuenstadt	84
Neuenstadt-Stein	85
Nordhausen	140
Nordheim	140, 141
Obersulm	110, 111
Oedheim	80
Offenau	42
Ottilienbergkapelle	167
Pfaffenhofen	154
Salzbergwerk	33
Schloss Assumstadt	96, 97
Schloss Horneck	45
Schloss Lehrensteinsfeld	107
Schloss Liebenstein	10, 11
Schloss Magenheim	147
Schloss Stein	85
Schloss Stettenfels	124
Schloss Stocksberg	155
Schloss Talheim	134
Schwaigern	158, 159
Seen	80, 81, 108, 109, 120, 121, 152, 153
Steinknickle-Turm	119
Stockheim	154, 155
Stocksberg	120
Stromberg	148, 149
Talheim	134, 135
Untereisesheim	30, 31
Untergruppenbach	124, 125
Weibertreu	102, 103
Weiler	111
Weinberge	14, 25, 70, 71, 102, 103, 104, 105, 127, 132, 137, 138, 139, 142, 143, 146, 154, 155
Weinsberg	102, 103
Weinsberger Kreuz	100, 101
Wildeck	126
Willsbach	111
Wimpfen im Tal	36, 37
Wüstenrot	121
Zaberfeld	154
Züttlingen	96, 97